Matthias Meyer

Methoden zum Emotionsausdruck bei Interfaceagenten

GRIN Verlag

Bibliografische Information der Deutschen Nationalbibliothek:

Die Deutsche Bibliothek verzeichnet diese Publikation in der Deutschen National-
bibliografie; detaillierte bibliografische Daten sind im Internet über http://dnb.d-
nb.de/ abrufbar.

Impressum:

Copyright © 2008 GRIN Verlag GmbH
Druck und Bindung: Books on Demand GmbH, Norderstedt Germany
ISBN: 978-3-640-22711-2

Dieses Buch bei GRIN:

http://www.grin.com/de/e-book/118966/methoden-zum-emotionsausdruck-bei-
interfaceagenten

GRIN - Your knowledge has value

Der GRIN Verlag publiziert seit 1998 wissenschaftliche Arbeiten von Studenten, Hochschullehrern und anderen Akademikern als eBook und gedrucktes Buch. Die Verlagswebsite www.grin.com ist die ideale Plattform zur Veröffentlichung von Hausarbeiten, Abschlussarbeiten, wissenschaftlichen Aufsätzen, Dissertationen und Fachbüchern.

Besuchen Sie uns im Internet:

http://www.grin.com/

http://www.facebook.com/grincom

http://www.twitter.com/grin_com

Methoden zum Emotionsausdruck bei Interfaceagenten

Matthias Meyer

Universität Dortmund

20. November 2008

Inhaltsverzeichnis

Abbildungsverzeichnis

1 Einleitung und Motivation

Interface Agenten dienen als Schnittstelle zwischen Mensch und Maschine. Ihr Ziel ist die Vereinfachung der Interaktion zwischen dem Benutzer und dem Computer. Eine immer weiter in den Vordergrund drängende Betrachtung ist die der emotionalen Agenten. Ursprünglich wurde der Agentenbegriff von nicht emotionsfähigen Agenten geprägt. Mit den Erkenntnissen in der Humanforschung, speziell im Bereich der zwischenmenschlichen Kommunikation wurde festgestellt, dass Emotionen und Emotionsäußerung bei der Kommunikation wichtig sind.

> „Wenn Kommunikation unter Menschen emotionale Faktoren enthält, könnte es doch sein, dass solche Faktoren auch künstlichen Agenten die Interaktion mit Menschen erleichtern und verbessern." (Schneider, 2005)

Eine ähnliche Feststellung trifft Picard in ihrer Veröffentlichung (Picard, 2000). Sie sieht die Vorteile von emotionalen Agenten in ihrer Möglichkeit sich dem Menschen anzupassen und dadurch besser auf Situationen reagieren zu können. Im gleichen Atemzug warnt sie allerdings auch vor emotionalen Computern und nennt als Beispiele für worst-case Szenarien z.B. den sehr emotionalen Computer HAL aus dem Film „2001: a space Odyssey".

Abbildung 1: links: Repliee Q2, rechts: Repliee mit ihrem Vorbild. Quelle: (Svojanovsky, 2006)

Die Vermutung, dass emotionale Interface Agenten in der Lage sind besser mit Menschen zu kommunizieren wurde in verschiedenen Studien (vgl. u.a. Svojanovsky (2006)) belegt. Es existieren verschiedene Implementationen von emotionalen Interface Agenten als Machbarkeitsstudien. Heutzutage haben sie jedoch noch keinen Einzug in unsere

Abbildung 2: K-Bot. Quelle: Svojanovsky (2006)

alltägliche Arbeit mit dem Computer gefunden. Eine der am weitesten fortgeschrittenen humanoiden Avatare ist Repliee Q2 (siehe Abb. 1). Repliee ist einer japanischen Nachrichtensprecherin nachempfunden und legt sehr viel Wert auf menschliche Aktorik und Gestik. Neben Repliee gibt es noch diverse andere Forschungsprojekte, wie z.B. den K-Bot (vgl. Abb. 2) die sich verschiedenen Schwerpunkten im Themenbereich der Interface Agenten widmen. So existieren verschiedene Implementationen von emotionalen Interface Agenten z.B. in einem Barkeeper Szenario (vgl. Schneider (2005)). Um jedoch emotionale Interface Agenten und speziell deren Emotionsausdruck genauer zu untersuchen, soll zunächst in Kapitel 2 ein Überblick über die verschiedenen Emotionsmodelle gegeben werden. Im Kapitel 3 wird dann genauer auf die Darstellungsmöglichkeiten von Emotionen und deren Synthese in Hinblick auf Interface Agenten eingegangen.

2 Emotionen

Der Begriff Emotion ist bei weitem nicht eindeutig. So existieren verschiedene Definitionen für den Begriff und auch verschiedene Ansichten, ob Interface Agenten in der Lage sein sollten Emotionen zu emulieren oder nicht. So stellten sich Krämer und Bente (2003) die Frage „Brauchen Interface Agenten Emotionen?". Auch Scheutz (2002) beschäftigte sich mit dieser Frage. In den meisten Publikationen wurde eine positive Antwort auf diese Frage gefunden. Dies liegt daran, dass emotionale Interface Agenten in der Lage sind, durch Ausdruck von Emotionen, Reaktionen beim Gegenüber (Benutzer) hervorzurufen. So kann ein Dialog mit einem Benutzer durch einen Interface Agenten in eine gewünschte Richtung gelenkt werden oder der Benutzer besänftigt werden, wenn z.B. durch den Interface Agenten Aufgaben nicht gelöst werden können oder Missverständnisse in der Sprachanalyse auftreten.

Damit Interface Agenten in der Lage sind Emotionen zu zeigen bzw. diese zu emulieren ist es notwendig, Emotionen zu modellieren. Für diesen Zweck existieren verschiedene Emotiosmodelle, die sich in verschiedene Kategorien unterteilen lassen. So unterscheidet man prinzipiell zwischen kontinuierlichen Modellen und Modellen fester Zustände. Zu Letztem gehört unter anderem das Emotionsmodell von Ortony, Clore und Collins (Ortony u.a., 1988). Dieses soll hier näher betrachtet werden da es sich gegenüber vielen anderen Modellen behauptet hat.

2.1 Emotionsmodelle

Als Einblick in die verschiedenen Emotionsmodelle soll der nachfolgende Überblick dienen bei dem das OCC Modell genauer diskutiert wird. Man unterscheidet zwischen kontinuierlichen und diskrete Modellen. Kontinuierliche Modelle sind in multidimensionalen Räumen darstellbar. Dabei wird die Emotion durch die einzelnen kontinuierlichen Werte repräsentiert. Als Repräsentant sei das Arusal Valence Modell genannt. Es sind also auch Mischformen und beliebige Abstufungen von Emotionen möglich. Im Gegensatz dazu stehen die diskreten Modelle wie das Modell der Basic Emotions oder das Modell von Ortony, Clore und Collins.

2.2 Arusal Valence Modell

Als Beispiel für kontinuierliche Modelle dient das Arousal Valence Modell von Bradley, Cuthbert und Lang (1990). Bei dem Arousal Valence Modell können Emotionen in einem zweidimensionalen Raum dargestellt werden. Dabei beschreibt in dem in Abbildung 3 dargestellten Modell die Valenz wie positiv oder negativ eine Emotion ist. Der Arousal (dt. Aktivierung oder Intensität) Wert gibt die Intensität der Emotion an. Die Kombination aus beiden Werten ergibt die zu bildende Emotion.

2.3 Basic Emotions

Das Modell der Basic Emotions wurde von Ekman (1992) eingeführt. Bei dem Basic Emotions Modell handelt es sich um ein diskretes Emotionsmodell, das aus fünf, sechs oder mehr Werten besteht. Typische darstellbare Emotionen sind Freude, Traurigkeit, Ärger, Angst, Ekel und eine neutrale Emotion. Jede Emotion wird durch exakt einen Zustand repräsentiert. Nach Ekman hat das Modell 3 grundlegende Eigenschaften. Es trennt zunächst die verschiedenen Emotionen, welche sich durch s.g. wichtige Eigenschaften unterscheiden. So ist eine Trennung zwischen den positiven und negativen Emotionen am einsichtigsten. In seiner Arbeit nimmt Ekman (1992) an, dass komplexe Emotionen aus Basic Emotions zusammengesetzt werden. In einer späteren Veröffentlichung (vgl. Ekman, 1999) stellt er diese These nicht mehr auf, so dass das Konzept der zusammengesetzten Emotionen sich vermutlich nicht durchgesetzt hat.

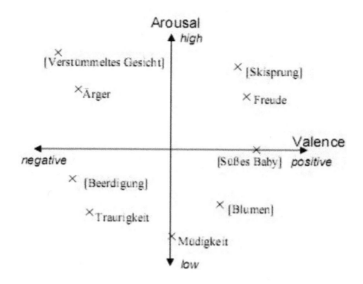

Abbildung 3: Arousal Valence Modell. Quelle: Holzapfel (2003)

2.4 OCC Modell

Bei dem Emotionsmodell nach Ortony, Clore und Collins (OCC) handelt es sich um einen Vertreter der wertediskreten Emotionsmodelle. Es findet Verwendung in vielen Implementierungen, da es als „eine der umfassendsten und systematischsten der derzeit existierenden Einschätzungstheorien" (Reisenzein und Meyer, 2003) gilt.

Hier soll nur ein grober Einblick in das OCC Modell gegeben werden und für weitere Informationen auf die Arbeit von Ortony u.a. (1988) verwiesen werden. Ein Überblick über das OCC Modell gibt Abbildung 4.

2.4.1 Grundlagen des OCC Modells

Grundlage der Theorie ist die Annahme, „dass Menschen Ziele haben, die an Situationsabschätzungen beteiligt sind und ihr Verhalten steuern" (Schneider, 2005). Ortony, Clore und Collins nehmen an, dass die Ziele auf Inferenzprozessen basieren. Nach Ortony, Clore und Collins werden Emotionen gemäß ihrer emotionsauslösenden Situation erzeugt. Diese Situationen lassen sich grob in 3 Kategorien einteilen. Hierbei handelt es sich um ereignisfundierte, handlungsfundierte sowie objektfundierte Emotionen. Jede dieser Emotionen bezieht sich auf eine andere Art von Gegenstand nämlich Ereignisse, Handlungen oder Objekte. Des weiteren unterscheiden sich die Emotionen dieser 3 Hauptgruppen bezüglich ihrer Bewertung. So werden ereignisfundierte Emotionen nach ihrer Erwünschtheit, handlungsfundierte Emotionen nach ihrer Lobwürdigkeit und

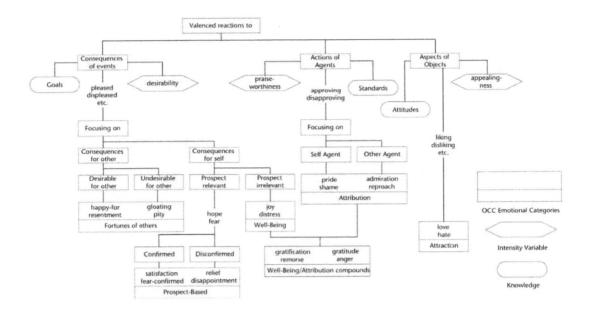

Abbildung 4: OCC Modell aus Bartneck (2002)

objektfundierte Emotionen nach ihrer Attraktivität bewertet. Eines der Hauptmerkmale von ereignisfundierten Emotionen besteht darin, dass sie sich auf Sachverhalte beziehen, für die kein Urheber existiert. Im Gegensatz dazu beziehen sich die handlungsfundierten Emotionen auf eine durch eine Person herbeigeführte Handlung.

Jede Emotion ist somit objekt- und situationsgebunden. Ihre primäre Funktion ist Ortony, Clore und Collins nach rein informativ. „Gefühle teilen uns mit, dass ein Sachverhalt oder ein Einzelding für die Person gut oder schlecht ist." (Schneider, 2005).

2.4.2 Emotionsbildung mit dem OCC Modell

Der typische Ablauf für die Entstehung einer Emotion beginnt mit der Bewertung eines Ereignisses, eines Objektes oder einer Handlung indem diese in Beziehung zu den eigenen Werten gesetzt wird. Nach dieser Bewertung entsteht eine Emotion aus einer der drei Hauptgruppen. Ein Beispiel hierzu wird in Kapitel 2.4.4 erläutert. Durch diesen Ablauf können einzelne Emotionen erzeugt werden. Ortony, Clore und Collins nehmen allerdings an, dass auch so genannte Emotionssequenzen existieren. Diese resultieren aus der Tatsache, dass die Bewertung von einer Situation erneut andere Bewertungen nach sich ziehen kann die wiederum zu verschiedenen Emotionen führen. Es steht allerdings fest, dass es bei diesen Emotionssequenzen eine dominierende Emotion gibt. Ein Beispiel für eine solche Emotionssequenz wäre z.B. der Blick auf ein weinendes Kind, das Traurigkeit auslöst. Aufgrund der Traurigkeit die nun empfunden wird, könnte eine

Mitleidsemotion gebildet werden, die auf Traurigkeit beruht. Diese Kette könnte nun beliebig fortgesetzt werden. Trotzdem wird am Ende eine dominierende Emotion entstehen.

Für jedes Ereignis muss weiterhin geprüft werden, ob der Ereignisfokus primär die Person bzw. den Agenten betrifft. Als Beispiel unterscheiden Ortony, Clore und Collins drei Untergruppen von ereignisfundierten Emotionen:

Wohlergehensemotionen sind emotionale Reaktionen auf als *sicher* betrachtete Ereignisse, die das eigene Wohlergehen betreffen. Grundformen sind Freude und Leid.

Empathieemotionen sind emotionale Reaktionen auf als sicher betrachtete Ereignisse, die das Wohlergehen *anderer Personen* betreffen. Ihre Grundformen sind Mitfreude, Mitleid, Schadenfreude und Neid.

Erwartungsfundierte Emotionen umfassen zum einen die Unwissenheitsgefühle Hoffnung und Furcht. Diese sind emotionale Reaktionen auf als *unsicher* betrachtete erwünschte bzw. unerwünschte Ereignisse. Diese Emotionen treten auf, wenn die Erwartung eines erwünschten oder unerwünschten Ereignisses bestätigt bzw. entkräftet wird.

2.4.3 Wissensrepräsentation

Jede der drei Emotionstypen besitzt eine eigene Struktur zur Wissensrepräsentation. So sind mit ereignisfundierten Emotionen Ziele assoziiert. Handlungsfundierte Emotionen sind mit Standards und objektfundierte Emotionen mit Haltungen verknüpft. Die Ziele der ereignisfundierten Emotionen sind laut Annahme von Ortony u. a. hierarchisch gegliedert von generell nach spezifisch. Diese Zielstruktur ist hochdynamisch, da sich die Ziele einer Person zwischenzeitlich ändern können. Des weiteren gibt es Ziele, die teilweise erreicht werden können. Um dies zu modellieren verwenden Ortony u. a. Gewichte für jedes dieser Ziele. „Standards repräsentieren den Glauben einer Person, der seinerseits auf moralischen Werten basiert" (Schneider, 2005, S.27). Diese Werte sind abhängig von der Rolle des Agenten. Ähnlich verhält es sich bei der Haltung. Die Haltung spiegelt das Mögen bzw. Nicht-Mögen von Objekten wieder. Sie ist unabhängig von den Standards und nur auf das Objekt bezogen.

2.4.4 Beispielhafte Synthese von Emotionen mittels des OCC Modells

In der Arbeit von Picard (2000) wird eine beispielhafte Synthese der Emotion Freude dargestellt. Dabei sei $D(p, e, t)$ eine Funktion die für die Parameter *Person p, Ereignis e* und *Zeit t* einen Zahlenwert zurückliefert. Dieser Zahlenwert ist positiv, wenn die Aktion Vorteile für die Person bringt, sonst negativ und abhängig von ihrer Intensität im Zahlenwert skaliert. D.h. sehr positive Ereignisse erzeugen große positive Zahlenwerte, weniger positive Ereignisse kleinere Zahlenwerte. Neben der Funktion D wird noch eine weitere Funktion I_g benötigt. I_g definiert sich als Funktion der Parameter p, e, t. Sie repräsentiert eine Mischung aus globalen Intensitätswerten wie Erwartungen und ähnliches. Als letztes wird noch eine Funktion $P_j(p, e, t)$ benötigt. Sie gibt das Potential an, dass erreicht werden muss um die Emotion Freude auszulösen. Daraus ergibt sich für die Emotion Freude folgende Regel:

$$\text{IF } D(p, e, t) > 0 \text{ THEN set } P_j(p, e, t) = f_j(D(p, e, t), I_g(p, e, t))$$

Dabei ist f_j eine spezifische Freudefunktion. Diese Funktion löst allerdings noch nicht die Emotion Freude aus. Dafür wird eine weitere Regel benötigt die wie folgt aussehen könnte:

$$\text{IF } P_j(p, e, t) > T_j(p, t) \text{ THEN set } I_j(p, e, t) = P_j(p, e, t) - T_j(p, t) \text{ ELSE set } I_j(p, e, t) = 0$$

Dabei ist T_j eine Grenzwertfunktion, die zu jedem Zeitpunkt t und jeder Person p bestimmt wie hoch der Grenzwert für die Emotion Freude ist. Als Ergebnis wird die Intensität der Emotion Freude gesetzt. Abhängig von dem Wert kann nun eine Ausprägung der Emotion dargestellt werden. Kleine Zahlenwerte äußern sich in Zufriedenheit, große Zahlenwerte in Euphorie. Wie diese Emotionen darstellbar sind wird in Kapitel 3 behandelt.

3 Darstellung und Synthese von Emotionen

Die Darstellung von Emotionen beschränkt sich im wesentlichen auf Mimik, Stimmlage, Wortwahl und Position des Avatars zum Benutzer. Es existieren verschiedene real existierende Interface Agenten bzw. humanoide Roboter, die später Aufgaben eines Interface Agenten übernehmen sollen. So ist der bekannte Roboter ASIMO (Abb. 5) der Firma Honda zwar schon weit in bezug auf seine Fortbewegung, allerdings fehlen ihm die Möglichkeiten Emotionen darzustellen. Im Gegensatz dazu existiert z.B. der Roboterkopf Kismet (Abb. 8) oder K-Bot (Abb. 2), die speziell auf die Darstellung von Emotionen ausgelegt sind. Einer der wenigen humanoiden Roboter, der in der Lage ist Menschen tatsächlich durch sein Auftreten und seine Gestaltung zu täuschen, ist Repliee (Abb. 1).

Abbildung 5: ASIMO von Honda. Quelle: ENIS (2006)

Bei den virtuellen Interface Agenten bildet z.B. Baldi (Abb. 9(a)) eine aktuelle Implementierung. Für die einfache Kommunikation mit dem Menschen ist es nun vor allem wichtig, Sprache emotional darstellen zu können. Die Synthese von emotionaler Sprache wird im nächsten Kapitel behandelt.

3.1 Sprachsynthese

Sprachlich lassen sich nahezu alle Emotionen darstellen und unterstreichen. Wir verwenden Sprache als eines unserer Hauptmerkmale beim Emotionsausdruck. Für die sprachliche Darstellung von Emotionen ist vor allem die *Prosodie* beim Aussprechen eines Satzes verantwortlich (vgl. Austermann, 2002).

> *Prosodie* (von griech.: pros und ode = eigentlich das Hinzugesungene, Zugesang, besser übersetzt mit Wortakzent, Silbenbetonung oder Satzmelodie), auch als Prosodik (veraltet) bezeichnet, ist ein Begriff, der in mehrfacher Weise verwendet wird. (Quelle: Wikipedia)

Die Aufgabe der Prosodie besteht in der Unterteilung von Sätzen in Phrasen, setzen von Satzbetonungen, Verdeutlichung der syntaktischen Struktur sowie Modifikation der semantischen Bedeutung eines Satzes. Dazu existieren verschiedene Merkmale mit denen Prosodie ausgedrückt werden kann:

- **Grundfrequenz** F_0, spiegelt die Stimmlage wieder
- F_0**-Range**, beschreibt den Dynamikumfang. Es ist der Abstand zwischen der höchsten und tiefsten Grundfrequenz
- **Phrasenkontur** stellt die s.g. „Satzmelodie" dar
- **Variabilität** ist der Wechsel zwischen betonten und unbetonten Silben

- **Jitter** beeinflusst den Klang der Stimme. Wir empfinden einen hohen Jitterwert als eine rauhe Stimme, wobei ein kleiner Wert die Stimme klar klingen lässt.

- Die **Dauer für die verschiedene Lautklassen** wie betonte und unbetonte Silben, Vokale, Plosive, Frikative und Liquide

- **Betonung** kann den Inhalt eines Satzes stark verändern wenn die Betonung an einer anderen Stelle gewählt wird. So ist es möglich über Betonung z.B. Ironie auszudrücken

- **Pausen** können die Tragik und den Ausdruck bestimmter Aussagen hervorheben.

Anhand dieser Parameter wird im nächsten Abschnitt beschrieben, wie sie bei einzelnen Emotionen eingesetzt werden.

3.2 Prosodische Darstellung von Emotionen

Beim Menschen lösen Emotionen bestimmte Reaktionen des Körpers aus. So beschleunigt sich z.B. bei Ärger und Aufregung der Herzschlag und die Atmung, wohingegen sie bei Langeweile und Trauer sich verlangsamten. Diese Reaktionen des Körpers werden durch Botenstoffe wie Adrenalin und Noradrenalin gesteuert und beeinflussen direkt die Prosodie. So erhöht sich bei Erregung u.a. die Sprechgeschwindigkeit und die Lautstärke. Auch die Grundfrequenz F_0 variiert (vgl. Collier, 1975); dabei lassen sich für bestimmte Emotionen eindeutige Merkmale festlegen:

Freude ist eine der am schwersten darstellbaren Emotionen, da sie in vielen Varianten auftreten kann. Die Anzahl der betonten Silben vergrößert sich, wohingegen die Silben insgesamt verkürzt werden, um eine höhere Sprechgeschwindigkeit zu erreichen. Die Grundfrequenz F_0 ist angehoben und die Varianz weiter. Die Stimme wirkt so lebendiger.

Trauer kann in der Regel gut prosodisch dargestellt werden. Die Silben werden hierbei weniger betont, dafür aber verlängert, was zu einer monotonen Sprechweise führt. Die Grundfrequenz F_0 ist geringer und die Varianz schmaler. Zudem fällt die Grundfrequenz zum Ende eines Wortes meistens ab. Zusätzlich wirkt die Stimme zittern, was auf Jitter zurückzuführen ist. Die verwendeten Wörter werden insgesamt ungenauer ausgesprochen.

Ärger ist ebenfalls eine deutlich darstellbare Emotion (vgl. Burkhardt, 2001). Die Anzahl der betonten Silben erhöht sich, wobei die Silben selber verkürzt werden. Die Grundfrequenz F_0 ist angehoben und die Varianz ist breiter als bei neutraler Sprache. An Silbenenden wird die Grundfrequenz angehoben. Wie bei Trauer tritt Jitter auf, der die Stimme rauh wirken lässt.

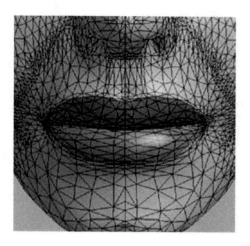

Abbildung 6: Mundregion von Greta. Quelle: Pasquariello und Pelachaud (2001)

Angst drückt sich dadurch aus, das ein Satz mehr längere und betonte Silben aufweist. Die Grundfrequenz ist stark angehoben was zu einer quietschigen Stimme führt. Es besteht ein direkter Zusammenhang zwischen Angst und Grundfrequenz. Je stärker die Angst ist, desto höher ist die Grundfrequenz. Zusätzlich tritt bei Angst eine breite Varianz der Grundfrequenz auf und die Stimme ist zusätzlich mit Jitter belegt. Die betonten Silben werden deutlich ausgesprochen, wohingegen der Rest weniger deutlich artikuliert wird.

Neben dem stimmlichen Emotionsausdruck ist es ebenfalls für den Gesamtausdruck wichtig, Emotionen über Mimik und Gestik darstellen zu können. Eine Möglichkeit dieser Darstellung bietet der MPEG4 Standard auf den im nächsten Abschnitt näher eingegangen wird.

3.3 Mimik und Gestik

Einer der wichtigsten und auffälligsten Punkte der Emotionsdarstellung liegt in der Mimik und Gestik der Avatare. Pasquariello und Pelachaud beschreiben in ihre Arbeit (Pasquariello und Pelachaud, 2001) eine Methode der Mimikmodellierung die dem MPEG-4 Standard (vgl. MPEG, 2002) genügt. Der MPEG-4 Standard beinhaltet Definitionen für Gesichts- und Körperanimationen welche von Pasquariello und Pelachaud umgesetzt wurden. Als Demonstation wurde Greta implementiert. Greta basiert auf der von Pasquariello und Pelachaud etwickelten Simple Facial Animation Engine (SFAE) und bildet dort die Ausgabe eines MPEG4 Decoders. Bei Greta werden speziell die für den Emotionsausdruck wichtigen Gesichtspartien, Mund und Augen, mit erhöhter Polyonzahl modelliert (Abb. 3.3).

Grundlage der Gesichtsanimation bilden s.g. *Facial Definition Parameter* (FDP) und *Facial Animation Parameter* (FAP). Diese FDPs dienen dazu ein generisches neutrales

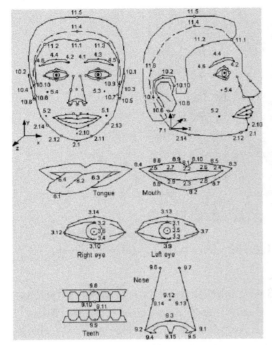 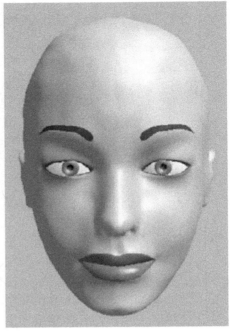

(a) Feature Points des MPEG-4 Standarts. Quelle: Pasquariello und Pelachaud (2001)

(b) Greta mit einem Neutralen Gesichtsausdruck. Quelle: Pasquariello und Pelachaud (2001)

Gesicht in ein spezifisches umzuformen. Sie bilden quasi die Struktur des Gesichts ab. Um ein spezielles Gesicht zu modellieren werden die FDPs auf die so genannten *Feature Points* angewendet. Diese Feature Points bilden körperlich relevante Punkte des menschlichen Gesichts nach. Diese Feature Points sind in Abbildung 7(a) dargestellt. Anhand der FDP's kann nun ein spezielles Gesicht modelliert werden.

Um nun eine Animation zu generieren, werden die 68 FAP auf die Feature Points angewendet. Die FAPs sind dabei nahe verwandt mit Muskelkontraktionen. Tatsächlich definieren die FAPs die Verschiebung der Feature Points relativ zum neutralen Gesicht. Das menschliche Gesicht hat spezifische Regionen die für die Darstellung von Emotionen genutzt werden. Diese Gesichtszüge wurden bei der Implementierung von Greta durch Pasquariello und Pelachaud mit erhöhter Polygondichte versehen, um die Bewegungen realitätsnäher zu gestalten. Eine der dabei wichtigsten Regionen ist der Mund. Bei Greta kann man in Abbildung 3.3 die erhöhte Polygonzahl der Mundregion sehen.

Eine weitere wichtige Region für Emotionsausdruck bilden die Augen und die Augenbrauen. Neben diesen gehört auch die Stirn zu einer der kritischen Regionen. Um nun diese Regionen zu animieren, werden die FAP auf die Feature Points angewendet. Um dabei eine realistische Hautbewegung zu erreichen, werden für jeden Vertex des modellierten Gesichts die Verschiebungen berechnet; dies geschieht nach der Formel $\Delta X_j = W_j * FAP_x$.

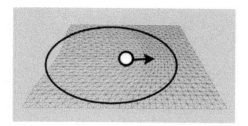

Abbildung 7: Verschiebung mit mittlerer Intensität. Quelle: Pasquariello und Pelachaud (2001)

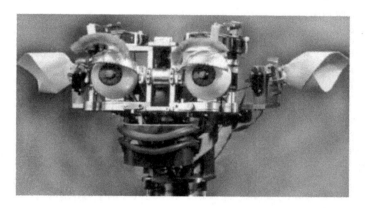

Abbildung 8: Kismet vom M.I.T., Quelle: Svojanovsky (2006)

Die Berechnung der Y und Z Werte verlaufen analog. W_j ist dabei eine Gewichtsfunktion die abhängig von der normierten Entfernung des Vertexes zum Feature Point die Verschiebung gewichtet. Beispielhaft ist dies in Abb. 7 gezeigt. Auf gleiche Art und Weise können auch kleine Grübchen und Falten erzeugt werden, die das Gesicht natürlich wirken lassen. Um nun Emotionen wie Freude oder Trauer darstellen zu können werden für jede Emotion mindestens ein Satz FAP's benötigt. Der Übergang zwischen den Emotionen kann durch Interpolation der FAP's gewonnen werden. Um dies natürlicher zu gestalten, sind definierte Übergangsemotionen denkbar. Alternativ dazu könnten feste Sequenzen an FAP's beim Wechsel zwischen zwei Emotionen abgespielt werden.

4 Vergleich verschiedener Roboter und Avatare

Zum Schluß soll ein kurzer Vergleich der genannten Roboter dazu dienen einen Überblick über die verschiedenen Möglichkeiten zu erhalten und einen Überblick über existierende Interface Agenten bzw. Avatare zu gewinnen.

Kismet (Abb. 8) wurde entwickelt um menschliche Emotionen darzustellen (vgl. Breazeal, 2000). Er verfügt über 18 Freiheitsgrade. Jedes Ohr, die Augenlieder und

Augenbrauen, Augen, Ober- und Unterlippe sowie der Hals können separat angesteuert werden. Ein besonderes Merkmal von Kismet ist die Fähigkeit, Objekte mit den Augen zu fixieren. Mit diesen einfachen Mitteln ist es möglich alle Emotionen auszudrücken. Allerdings wirken sie aufgrund der fehlenden Freiheitsgrade nicht natürlich.

Repliee (Abb. 1) (vgl. Matsui, Minato, Dorman und Ishiguro, 2006) ist die Nachbildung einer japanischen Nachrichtensprecherin. Sie wurde von Hiroshi Ishiguro entwickelt und besitzt insgesamt über 42 Freiheitsgrade im oberen Teil des Körpers. Das Gesicht alleine kann mit 13 Freiheitsgraden manipuliert werden. Das Besondere an Repliee ist die hohe Natürlichkeit, die durch die simulierte Atmung, den Lidschlag sowie das Augenrollen erreicht wird. Repliee ist nachweislich in der Lage, Menschen auf den ersten Blick zu täuschen. Sie ist allerdings nur ein Prototyp einer Machbarkeitsstudie und bislang noch nicht marktreif. So ist der Bewegungsapperat auf den Oberkörper beschränkt.

K-Bot (S. 5 Abb. 2) ist die aktuell am weitesten entwickelte Form eines künstlichen Gesichts (vgl. Svojanovsky, 2006, S. 16). Er wurde von David Hanson von der Universität von Texas entwickelt und in Hanson (2003) beschrieben. K-Bot besitzt 24 mechanische Muskeln, die die künstliche, F'ubber genannte, flexible Haut verziehen. Damit kann K-Bot nahezu jede menschliche Mimik nachahmen und somit seine Emotionen ausdrücken. K-Bot wurde entwickelt um später als Standart-Kopf-Einheit humanoider Roboter zu dienen. Deshalb wurde auch kein Rumpf für ihn gebaut.

Baldi (vgl. CSLU, 2006) ist ein virtueller Avatar aus dem CSLU Toolkit (siehe Abb. 9(a)). Er ist in der Lage mit Hilfe von s.g. Bones die Gesichtsmimik zu steuern. Dies hat den Vorteil das Baldi auf aktuellen Systemen in Echtzeit läuft. Die Bones Struktur versucht nicht die menschlichen Muskelbewegungen nachzubilden, sondern approximiert nur die Ergebnisse der Muskelkontraktionen. Dies führt z.B. zu leichten „Beulen" im Gesicht an den Stellen, an denen die Bones das Gesicht verzerren.

Neben den hier erwähnten Interface Agenten existieren noch viele weitere, gerade virtuelle Avatare. Zu diesen zählen unter anderem auch die MS Office Büroklammer (siehe Anhang A). Der Gedanke der Interface Agenten als Schnittstelle zur vereinfachten Kommunikation mit dem Rechner setzt sich im Moment verstärkt durch virtuelle Avatare durch, denn gerade hier kann mit geringem Zeit- und Kostenaufwand schnell geforscht werden. Viele Ergebnisse hofft man auf humanoide Interface Agenten umsetzen zu können.

5 Zusammenfassung und Fazit

Interface Agenten stellen eine innovative Schnittstelle der Mensch-Maschine-Interaktion dar. Ihr Zweck ist es, die Interaktion mit dem Computer für Menschen zu erleichtern. Dies versuchen sie dadurch zu erreichen, dass sie sich der menschlichen Kommunikation und Interaktion bedienen. Diese ist gravierend von Emotionen geprägt. Einem Menschen fällt es einfacher mit einem Menschen zu kommunizieren, als mit einem Computer oder Roboter. Daher ist ein wichtiges Forschungsgebiet das der Emotionalen Interface Agenten . Um die Kommunikation für den Menschen so weit wie möglich zu vereinfachen, versucht man die Roboteravatare so menschlich wie möglich aussehen zu lassen. Ein Überblick über die verschiedenen Ansätze wurde in Kap 4 gegeben.

Wie in der Arbeit beschrieben, existieren verschiedene Ansätze Emotionen auszudrücken. So stellen humanoide Roboteravatare wie Repliee (Abb 1) schon viele Möglichkeiten zur Verfügung Emotionen zu äußern. Grundlage jeder Emotion liegt in einem Modell. Hier wurden das Arusal Valence Modell (2.2) neben dem Modell der Basic Emotions (2.3) behandelt. Ausführlicher wurde das heute gebräuchliche OCC Modell (Ortony u. a., 1988) diskutiert. Aus jedem Modell entsteht am Ende ein Zahlenwert für die Intensität und Art der Emotion.

Um Emotionen nun auszudrücken wurde schließlich auf die verschiedenen Methoden der Darstellung und Synthese (Kap. 3) eingegangen. Im wesentlichen ist der Ausdruck von Emotionen nur über Sprache, Gestik und Mimik möglich. Dabei bildet die Gesichtsmimik eine wesentliche Rolle. Der MPEG4-Standard beinhaltet eine Definition um Gesichtsmimik darstellen zu können. Die technische Umsetzung wurde in Kapitel 3.3 behandelt.

Man muss sich allerdings auch fragen, wo emotionale Agenten hinführen und ob dies ausschließlich positiv ist. So führt Picard eine kritische Betrachtung in ihrer Arbeit (Picard, 2000) zu dem Thema durch. Sicherlich überwiegen die Vorteile der emotionalen Agenten, doch werden grundlegende Fragen gestellt, die es zu beantworten gilt. Als Beispiel sei hier die Frage nach den übergreifenden Emotionen erwähnt. Sollen Interface Agenten in der Lage sein Emotionen von anderen Interface Agenten zu übernehmen? Diese und weitere „Designfragen" sind Stand aktueller Forschung.

Abschließend bleibt zu sagen, dass sich das Forschungsgebiet der emotionalen Interface Agenten noch am Anfang befindet. Erste Machbarkeitsstudien wurden durchgeführt und die Ergebnisse hier zum Teil präsentiert. Einzug in unser tägliches Leben haben Interface Agenten noch nicht gefunden, aber erste Schritte werden gemacht (Bsp. MS Büroklammer). Abschließend ist festzustellen, dass Interface Agenten ein weiterer wichtiger Schritt in der Mensch-Maschine Interaktion sind und somit ihren Stellenwert finden werden.

A Abbildungen von Interface Agenten

(a) Baldi mit neutralem Gesichts- (b) Die MS Büroklammer
ausdruck

Literatur

[Austermann 2002]   AUSTERMANN, Anja: Sprachliche und prosodische Darstellung künstlicher Emotionen in der Mensch-Roboter-Kommunikation / Heinz-Nixdorf Institut, Universität Paderborn, C-Lab. November 2002. – Studienarbeit

[Bartneck 2002]   BARTNECK, Christoph: Integrating the OCC Model of Emotions in Embodied Characters / Department of Industrial Design, Eindhoven University of Eindhoven. 2002. – Forschungsbericht

[Bradley u. a. 1990]   BRADLEY, M. M. ; CUTHBERT, B. N. ; LANG, P. J.: Startle reflex modification: emotion or attention? In: *Psychophysiology* 27 (1990), Sep, Nr. 5, S. 513–522

[Breazeal 2000]   BREAZEAL, Cynthia: *Sociable Machines: Expressive Social Exchange Between Humans and Robots*, Department of Electrical Engineering and Computer Science, MIT, Dissertation, 2000

[Burkhardt 2001]   BURKHARDT, Felix: *Simulation emotionaler sprechweise mit sprachsyntheseverfahren*, TU Berlin, Dissertation, 2001

[Collier 1975]   COLLIER, R.: Physiological correlates of intonation patterns. Juli 1975. – Forschungsbericht. – 249–255 S

[CSLU 2006]   CSLU: *CSLU Toolkit. Talking Head Baldi.* http://cslu.cse.ogi.edu/toolkit/index.html. 2006. – Center for Spoken Language Understanding

[Ekman 1992]   EKMAN, P: An Argument for Basic Emotions. In: *Cognition and Emotion* Bd. 6, 1992, S. 169–200

[Ekman 1999]   EKMAN, P.: Basic Emotions. In: *The Handbook of Cognition and Emotion*. Sussex, UK : Dalgleish, T. and T. Power, 1999, S. 45–60

[ENIS 2006]   ENIS: *http://www.bdp.it/lucabas/enis/read_cnt.php?id_cnt=67&tipo=focus*. Internet. 2006. – European Network of Innovative Schools

[Hanson 2003]   HANSON, David: New robot face smiles and sneers / The Institute for Interacive Arts and Engineering, The University of Texas at Dallas. 2003. – Forschungsbericht

[Holzapfel 2003]   HOLZAPFEL, Hartwig: *Emotionen als Parameter der Dialogverarbeitung*, Universität Karlsruhe (TH), Diplomarbeit, März 2003

[Krämer und Bente 2003]   KRÄMER, Nicole C. ; BENTE, Gary: Brauchen Interface Agenten Emotionen? In: *Mensch & Computer* (2003), S. 287–296

Literatur

[Matsui u. a. 2006]   MATSUI, Daisuke ; MINATO, Takashi ; DORMAN, Karl F. M. ; ISHIGURO, Hiroshi: Generating Natural Motion in an Android by Mapping Human Motion. In: *Proc. of ieee/rsj international conference on intelligent robots and systems*, 2006

[MPEG 2002]   MPEG: *Overview   of   the   MPEG-4   Standard.* http://www.chiariglione.org/mpeg/standards/mpeg-4/mpeg-4.htm. März 2002

[Ortony u. a. 1988]   ORTONY, Andrew ; CLORE, Gerald L. ; COLLINS, A.: *The Cognitive Structure of Emotions*. Cambridge University Press, 1988

[Pasquariello und Pelachaud 2001]   PASQUARIELLO, Sefano ; PELACHAUD, Catherine: Greta: A Simple Facial Animation Engine / Department of Computer and Information Science University of Rome La Sapienza , Rome, Italy. URL http://www.dis.uniroma1.it/~pelachau/wsc01.pdf, 2001. – Forschungsbericht

[Picard 2000]   PICARD, Rosalind W.: *Affective Computing*. MIT Press, 2000. – ISBN 0262661152

[Reisenzein und Meyer 2003]   REISENZEIN, R. ; MEYER, W.: *Einführung in die Emotionspsychologie*. Bd. III. Verlag Hans Huber, Bern, Göttingen, 2003

[Scheutz 2002]   SCHEUTZ, Matthias: Agents with or without Emotions? In: *Proceedings of the Fifteenth International Florida Artificial Intelligence Research Society Conference*, AAAI Press, 2002, S. 89–93. – ISBN 1-57735-141-X

[Schneider 2005]   SCHNEIDER, Gordon B.: *Agenten und unsere Emotionen*, Universität Osnabrück, Diplomarbeit, 2005

[Svojanovsky 2006]   SVOJANOVSKY, Wenzel: *Darstellung von Emotionen als Reprasentation von Dialogerfolg*, Institut Interactive Systems Labs, Fakultat für Informatik, Universitat Karlsruhe(TH), Diplomarbeit, 2006